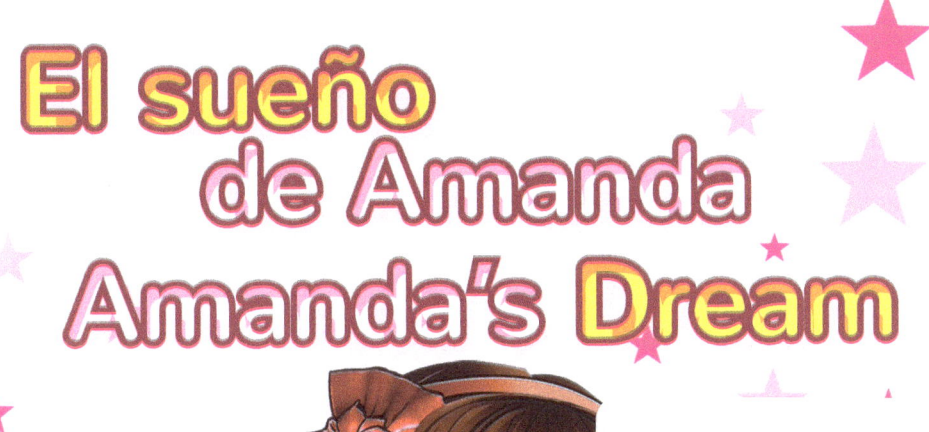

El sueño de Amanda

Amanda's Dream

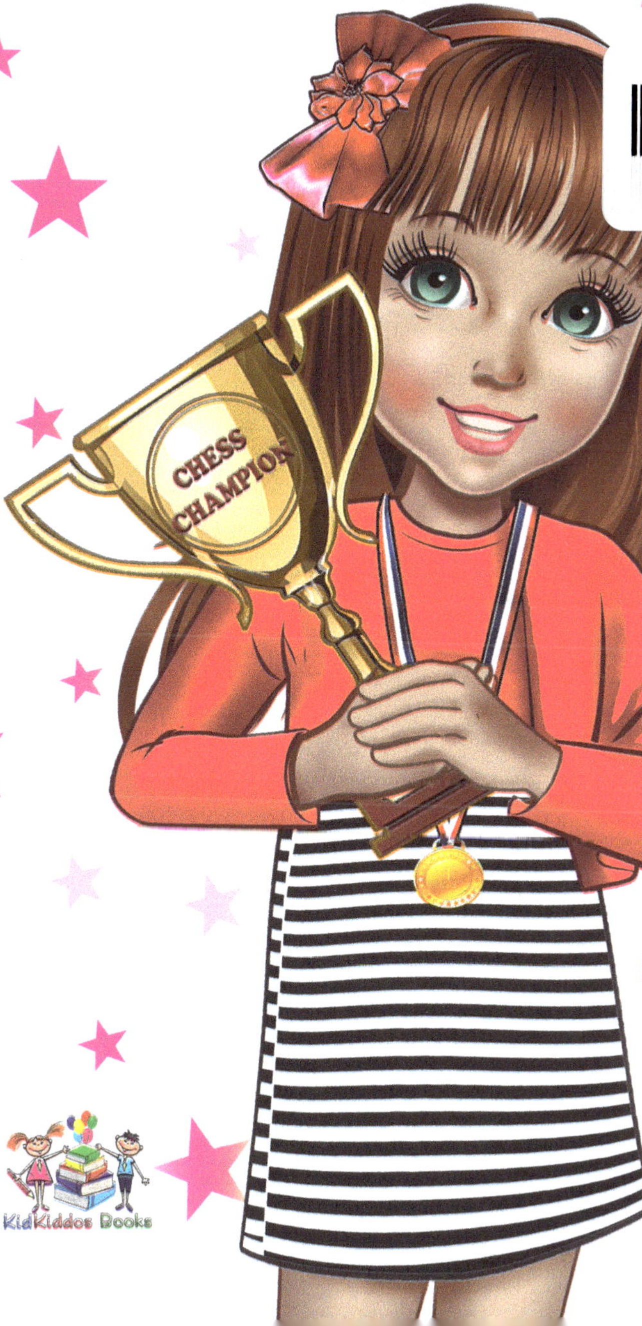

I0361706

Shelley Admont

Ilustrado por
Sumana Roy

KidKiddos Books

www.kidkiddos.com
Copyright ©2013 by S.A. Publishing ©2017 KidKiddos Books Ltd.
support@kidkiddos.com

All rights reserved. No part of this book may be reproduced in any form or by any electronic or mechanical means, including information storage and retrieval systems, without written permission from the publisher, except in the case of a reviewer, who may quote brief passages embodied in critical articles or in a review.
First edition, 2020

Translated from English by Karen Rodríguez
Traducido del inglés por Karen Rodríguez
Spanish editing by Mónica Michel
Revisión del texto en español por Mónica Michel

Library and Archives Canada Cataloguing in Publication
Amanda's Dream (Spanish English Bilingual Edition)/ Shelley Admont
ISBN: 978-1-5259-2039-4 paperback
ISBN: 978-1-5259-2040-0 hardcover
ISBN: 978-1-5259-2038-7 eBook

Please note that the Spanish and English versions of the story have been written to be as close as possible. However, in some cases they differ in order to accommodate nuances and fluidity of each language.

*Había una vez, una pequeña niña llamada Amanda.
Amanda no reía, ni sonreía. Ella no era feliz.*
There once was a young girl named Amanda.
Amanda didn't laugh or smile. She was unhappy.

Amanda tenía muchos amigos. Tenía una familia cariñosa y vivía en una casa grande con todas las cosas que su corazón deseaba. Sin embargo, aún sentía que le faltaba algo.
Amanda had a lot of friends. She had a loving family and lived in a big house with all the things her heart desired. However, she still felt like something was missing.

Nunca sonreía mientras se lavaba los dientes, mientras se peinaba, ni siquiera cuando jugaba con sus muñecas.
She didn't smile as she brushed her teeth, combed her hair or even played with her dolls.

Cada noche, antes de acostarse, ella se sentaba con su padre y jugaba ajedrez, su juego favorito, pero esto no la animaba.
Every night before bed, she sat with her father and played chess, her favorite game, but it did nothing to cheer her up.

Un día, Amanda estaba sentada en una banca del parque, leyendo su libro favorito.
One day, Amanda was sitting on a bench in the park and reading her favorite book.

De repente, de la nada, apareció una mujer. Llevaba un precioso vestido rosa, y tenía mechones de cabello suelto y ondulado y ojos grandes azul brillante.
Out of nowhere, a woman appeared. She wore a beautiful pink dress, and had wavy, flowing locks of hair and big, glowing blue eyes.

—Hola, Amanda —dijo la mujer mientras se acercaba a la banca— ¿Por qué estás triste?
"Hello, Amanda," said the woman as she approached the bench. "Why are you sad?"

—No estoy triste —respondió Amanda—. Sólo que no tengo ganas de sonreír.
"I'm not sad," answered Amanda. "I just don't feel like smiling."

—¿Estás segura? Pareces disgustada —respondió la extraña mujer.
"Are you sure? You seem upset," the strange woman replied.

Amanda decidió que tenía que hablar con alguien. Ella le contó a la mujer lo infeliz que era.
Amanda decided that she had to talk to someone. She told the woman how unhappy she was.

Mientras Amanda desbordaba sin aliento todas sus emociones, comenzó a llorar.
As Amanda breathlessly spilled out all her emotions, she began to cry.

De pronto, Amanda dejó de llorar, miró a la extraña mujer y le preguntó: —¿Quién eres y cómo sabes mi nombre?
Suddenly, Amanda stopped crying, looked at the strange woman and asked, "Who are you and how do you know my name?"

—Soy un hada de los sueños —dijo la mujer—. Estoy aquí para ayudarte.
"I'm a dream fairy," the woman said. "I'm here to help you."

Amanda escuchó atentamente. —Sólo necesitas un sueño, una meta —continuó el hada.
Amanda listened carefully. "You just need a dream—a goal," the fairy continued.

—¡Lo sé! Realmente quiero uno, todos mis amigos tienen un sueño —dijo Amanda con emoción—, ¿y sabes qué? Sus sueños se hacen realidad.
"I know! I really want one. All my friends have a dream," Amanda said with excitement, "and you know what? Their dreams come true."

—Danny soñó con manejar una bicicleta, y la semana pasada aprendió a manejar sin ayuda.
"Danny dreamed of riding a bike, and last week he learned to ride all by himself."

—Lillian soñó con ser bailarina de ballet, y ahora asiste a clases de danza y baila en diferentes espectáculos.
"Lillian dreamed of being a ballet dancer, and now she has dance lessons and dances in different shows."

—Realmente quiero tener algún sueño que también se haga realidad. Simplemente no sé cómo tener uno.
"I really want to have some kind of dream come true, too. I just don't know how to get one."

—Un sueño no es algo que se te pueda dar —dijo el hada de los sueños—. Necesitas que esté dentro de tu corazón. Pero, no te preocupes, no es tan difícil como parece. Puedo ayudarte.

"A dream isn't something that can be given to you," said the dream fairy. "You need to have one inside your heart. Don't worry, it isn't as hard as it sounds. I can help you."

Amanda la miró y se secó las lágrimas. Ahora se sentía mucho mejor.
Amanda looked up at her and wiped away her tears. She felt much better now.

—Todo lo que debes hacer es ir a casa y pensar en lo que quieres —continuó el hada—. Escribe todas tus actividades favoritas y lo que te gusta de ellas.
"All you have to do is go home and think about what you want," continued the fairy. "Write down all your favorite things to do and what you love about them."

Después de eso, desapareció como si nunca hubiera estado allí.
After that, she disappeared as if she had never been there at all.

—¿Qué es que quiero? Umm... Ya lo sé, quiero muchos dulces —pensó Amanda de camino a casa—. No, ¿por qué necesito muchos dulces? Comeré unos cuantos y luego no querré ni uno más.
What do I want? I know, I want a lot of candy, thought Amanda on her way home. *No, why do I need a lot of candy? I'll eat a little and then not want any more.*

—Quiero un montón de muñecas de todo tipo —pensó, pero luego cambió de opinión de nuevo—. No, no necesito muchas muñecas. Ya tengo suficientes.
I want a lot of dolls of all different kinds, she thought, but then changed her mind again. *No, I don't need a lot of dolls. I have enough already.*

—Entonces, ¿qué es lo que quiero? —Amanda continuó pensando seriamente en cuál podría ser su sueño—. ¿Quizás un lindo perrito?
So what do I want? Amanda continued to think hard about what her dream could be. *Maybe a cute little dog?*

—No, sería mejor tener crayones nuevos o aretes bonitos. ¿O tal vez quiero ser una actriz famosa o una princesa?
No, it would be better to have new crayons or pretty earrings. Or maybe I want to be a famous actress or a princess?

Pensó en leer sus libros favoritos y en jugar con sus amigos. Pensó en la música, se vio bailando y pintando.
She thought of reading her favorite books and of playing with her friends. She thought of music, dancing and painting.

Pensó, pensó y pensó, pero aún no sabía lo que quería.
She thought and thought and thought, but she still didn't know what she wanted.

Seguía pensando incluso cuando su padre volvió a casa del trabajo. Como todas las noches, Amanda y su padre jugaron ajedrez.
She carried on thinking even when her father came home from work. Just like every evening, Amanda and her father played chess.

Esa noche disfrutó tanto jugar ajedrez que se olvidó por completo de su conversación con el hada de los sueños.
She enjoyed playing chess that evening so much that she forgot all about her conversation with the dream fairy.

Esa noche cuando Amanda se fue a dormir, tuvo un sueño.
That night when Amanda went to sleep, she had a dream.

En su sueño, ella entraba por las puertas de un gran edificio. Deambulaba por un largo pasillo, siguiendo el sonido de voces emocionadas, hasta que entró en un gran salón.

In her dream, she walked through the doors of a big building. She wandered down a long corridor, following the sound of excited voices, until she entered a large room.

Era una competencia de ajedrez. Miró a su alrededor y escuchó su nombre por los altavoces. ¡Ella era la siguiente en jugar!
It was a chess competition. She looked around and heard her name called over the speakers. She was going to play next!

En la primera ronda, Amanda jugó contra niños de su edad y ganó todas las partidas. Estaba muy entusiasmada, decidida y era sorprendentemente buena en ajedrez.
In the first round, Amanda played against children of her own age and won every single match. She was excited, determined and surprisingly good at chess.

En la siguiente ronda, jugó contra niños más grandes y volvió a ganar todas las partidas.
In the next round, she played against older children and won every match again.

Al finalizar el día, fue nombrada Campeona de Ajedrez.
At the end of the day, she was titled the Chess Champion.

Amanda se despertó encantada. ¡Su sueño se había sentido tan real! Quería ser campeona de ajedrez. Agarró un bolígrafo, garabateó "campeona de ajedrez" en un pedazo de papel y salió corriendo de su habitación.

Amanda woke up overjoyed. The dream had felt so real! She wanted to be a chess champion. She picked up a pen, scribbled "chess champion" on a piece of paper and ran out of her room.

Abrazó a su padre y gritó: —¡Voy a ser campeona de ajedrez!
She hugged her father and shouted, "I'm going to be a chess champion!"

El padre de Amanda sonrió, la abrazó y le dijo: —Creo en ti, querida.
Amanda's father smiled, gave her a tight hug and said, "I believe in you, dear."

Pasaron unos días y una competencia de ajedrez se iba a llevar a cabo en la escuela. Se sentía una tremenda emoción en el aire.
A few days passed and a chess competition was going to be held at school. There was great excitement in the air.

Amanda estaba nerviosa al principio, pero confiaba en que ganaría. Después de todo, había ganado el campeonato en su sueño.
Amanda was nervous at first, but she was confident she would win. After all, she had won the championship in her dream.

Desde el momento en que inició la competencia, sin embrago, era obvio que Amanda no era una jugadora tan fuerte como pensaba. Perdió la primera partida.
From the moment the competition began, however, it was obvious that Amanda wasn't as strong of a player as she thought. She lost the very first game.

Se sentía herida y decepcionada de sí misma. No se parecía en nada a la competencia de su sueño.
She was hurt and disappointed in herself. It wasn't anything like the competition in her dream.

Triste y desanimada, Amanda llegó a su casa. Se sentó en la cama y se puso a llorar.
Sad and discouraged, Amanda arrived home. She sat on the bed and started to cry.

—¿Cómo pudo pasar esto? —pensó—. Soñé con esto. ¡Debería haber ganado!

How could this happen? she thought. *I dreamed about this. I should have won!*

—¿Por qué lloras, querida? —dijo una voz familiar, el hada de los sueños estaba sentada a su lado.

"Why are you crying, dear?" said a familiar voice. The dream fairy was sitting next to her.

—¿De qué sirve tener un sueño si no se hace realidad? —respondió Amanda.

"What's the point in having a dream if it doesn't come true?" answered Amanda.

El hada de los sueños colocó su brazo alrededor de los hombros de Amanda. —Para que tu sueño se haga realidad, tienes que practicar —le explicó amablemente—. Tienes que trabajar duro e intentarlo una y otra vez hasta que lo consigas.

The dream fairy put her arm around Amanda's shoulder. "In order for your dream to come true, you have to practice," she explained kindly. "You have to work hard and try over and over again until you make it happen."

Amanda escuchó atentamente al hada de los sueños y supo que tenía razón.

Amanda listened carefully to the dream fairy and knew she was right.

—¿De verdad quieres ser una campeona de ajedrez? —preguntó el hada.
"Do you really, really want to be a chess champion?" asked the fairy.

—Más que nada en el mundo —Amanda sonrió y dejó de llorar.
"More than anything else in the world." Amanda smiled and stopped crying.

El hada de los sueños se acercó a Amanda y le susurró:
—Entonces ya sabes lo que debes hacer.
The dream fairy came closer to Amanda and whispered, "Then you know what you should do."

Antes de que Amanda pudiera decir otra palabra, el hada desapareció.
Before Amanda could say another word, the fairy disappeared.

Amanda pensó por un momento, saltó de la cama y corrió hacia su padre.
Amanda thought for a moment, hopped off the bed and ran to her father.

—¡Papá! —gritó—. ¡Quiero ser campeona de ajedrez!
"Dad!" she shouted. "I want to be a chess champion!"

—Lo sé, Amanda, ya me lo has dicho. Pero, ¿cómo lo vas a lograr? —preguntó.
"I know, Amanda, you've already told me. But how are you going to accomplish it?" he asked.

—Quiero inscribirme en un club de ajedrez y voy a ir a practicar todos los días. Ni siquiera quiero ver televisión, ni jugar con mis juguetes, sólo quiero practicar.
"I want to sign up for a chess club, and I'm going to practice every day. I don't even want to watch TV or play with my toys—I just want to do this."

—¿Estás segura? —preguntó su padre.
"Are you sure?" her dad asked.

—¡Sí! —Amanda contestó—. Haré lo que sea para ser la campeona de ajedrez.
"Yes!" Amanda answered. "I will do anything to be the chess champion."

—Estoy orgulloso de ti, cariño, sé que tendrás éxito.
"I'm proud of you, sweetheart, I know you'll succeed."

Su padre la abrazó con fuerza, y la cara de Amanda brilló con orgullo y emoción.
Her father hugged her tightly, and Amanda's face shone with pride and excitement.

Amanda comenzó a practicar para la siguiente competencia. Pasaba la mayor parte de sus días jugando ajedrez.
Amanda began to practice for the next competition. She spent most of her days playing chess.

Estudiaba en el club de ajedrez, practicaba en la computadora en casa y jugaba ajedrez con su padre por las noches.
She studied at the chess club, practiced on the computer at home and played chess with her dad in the evenings.

No le importaba no jugar con sus muñecas o ver la televisión, estaba concentrada en convertirse en la mejor jugadora de ajedrez que pudiera ser.
She didn't mind not playing with her dolls or watching TV—she was focused on becoming the best chess player she could be.

Finalmente, llegó el día de la siguiente competencia. Amanda se levantó con entusiasmo para su primer partido y se encontró con el mismo chico con el que había perdido en la competencia anterior.
Finally, the day of the next competition arrived. Amanda excitedly stood up for her first match and met the same boy she had lost to in the previous competition.

—¿Estás lista para perder otra vez? —preguntó el chico en tono burlón.
"Are you ready to lose again?" the boy asked mockingly.

Amanda solo sonrió. En lo más profundo de su corazón, estaba segura de que estaba preparada.
Amanda just smiled. Deep in her heart, she was confident that she was ready.

La partida comenzó de inmediato. Amanda ganó fácilmente y estaba entusiasmada por jugar más.
The match began right away. Amanda won easily and was excited to play more.

Ganó la segunda partida, la tercera y la cuarta, y siguió adelante. Cada partido era más difícil que el anterior, pero gracias a su trabajo duro y determinación, Amanda ganó todas las veces.
She won the second match, and the third and the fourth, and on it went. Each match was harder than the one before, but thanks to her hard work and determination, Amanda won every time.

Al finalizar el día, Amanda recibió el título de Campeona de Ajedrez de la Escuela.
At the end of the day, Amanda was awarded the title of School Chess Champion.

Con orgullo enseñó su medalla y trofeo a su familia y amigos. Estaba muy feliz, y ahora sabía que podía lograr lo que quisiera.

She showed her medal and trophy proudly to her family and friends. She was so happy, and knew that she could achieve anything she wanted.

Así fue como Amanda descubrió su sueño y lo hizo realidad.
That was how Amanda found her dream and made it come true.

Desde ese día, Amanda no volvió a estar triste. Ahora ya sabe cuál será su próximo sueño y qué tiene que hacer para hacerlo realidad.
From that day on, Amanda was never sad again. Now she already knows what her next dream will be and what she has to do to make it come true.

Y ¿qué hay de ti?
How about you?

¿Cuál es tu sueño y qué harás para hacerlo realidad?
What's your dream and what will you do to make it come true?

www.ingramcontent.com/pod-product-compliance
Lightning Source LLC
Chambersburg PA
CBHW061227070526
44584CB00029B/4014